AF297904

ASSOCIATION LILLOISE

(16 février 1853).

SOUVENIRS HISTORIQUES

DE LILLE,

PAR M. LE VICOMTE DE MELUN.

Procession de 1598. — Collégiale de St. Pierre.

Messieurs,

La bienveillance avec laquelle vous avez accueilli une première notice sur les fêtes civiles de Lille m'encourage à ajouter à ce travail trop incomplet quelques détails sur les fêtes religieuses, si populaires dans notre cité. Un pareil sujet, parfaitement en harmonie avec l'époque où nous nous trouvons, doit plaire à des oreilles lilloises et surtout à des cœurs chrétiens. A ce double titre, j'oserai compter encore sur votre indulgence.

Il s'agit aujourd'hui d'une solennité où la religion eût la plus grande part, quoique son objet fut un acte tout politique, un traité de paix entre la France et l'Espagne qui possédait alors Lille et les Pays-Bas. C'était en 1598, lorsque la paix fut conclue à Verviers entre Philippe II et le roi Henri IV.

La domination du fils de Charles-Quint avait été peu favorable à nos provinces. Le duc d'Albe, s'y était signalé par les terribles exécutions et les lourds impôts dont il les avait frappés. Les Gueux et les Hurlus, les Malcontents et les troupes espagnoles elles-mêmes, qui devaient défendre ce beau pays, avaient été tour à tour l'effroi et le fléau des villes et des campagnes. La guerre civile et religieuse, la peste et la famine s'étaient abattues sur les Flandres. Lille, au milieu de ces calamités sans cesse renaissantes, avait su conserver une attitude digne de la réputation de sagesse et de courage qu'elle avait acquise. Repoussant à la fois la révolte et l'hérésie, sans cesser d'être fidèle à son souverain, elle avait su se soustraire au joug de ses farouches auxiliaires ; et, tout en maintenant l'autorité de Philippe, le magistrat et les gardes bourgeoises avaient juré de défendre leur ville contre les étrangers, quels qu'ils fussent. Il est facile de comprendre quelles luttes elle dut subir pour échapper, non pas aux malheurs dont elle eut sa grande part, mais aux différents partis qui se disputèrent pendant plus de trente années ces contrées jadis si florissantes. Dès que les troubles furent apaisés, Philippe, en voulant se venger de la France qui avait encouragé la révolte, y ajouta le fléau de la guerre étrangère. Ce court exposé suffira pour expliquer l'enthousiasme des populations à la nouvelle d'un traité de paix qui terminait une ère aussi désastreuse. Ce fut, en effet, comme le testament de Philippe II, qui mourut dans la même année. En signant le traité avec la France et en léguant aux Pays-Bas Albert et Isabelle pour les gouverner, il semblait que le roi d'Espagne voulait, sur son lit de mort, faire amende honorable à ses sujets flamands, et comme les avares qui, après leur mort, se montrent généreux envers les pauvres qu'ils ont repoussé pendant leur vie, faire oublier aux enfants les rigueurs que leurs pères avaient endurées.

La paix fut publiée à Lille le 7 juin 1598. La veille, le son des cloches avait annoncé la cérémonie, et un *Te Deum* chanté à St-Pierre, cette église, le berceau de la cité, associée à ses joies et à ses douleurs, avait été un premier témoignage de reconnaissance envers Dieu, si souvent invoqué dans la détresse publique. Par un sentiment naturel à cette époque de foi, nos pères furent d'avis qu'une fête religieuse devait seule célébrer dignement ce grand bienfait de la providence. Il fut décidé qu'une procession du St-Sacrement parcourrait les rues de la ville, de St-Pierre à St-Sauveur.

Des délégués du magistrat et du chapitre firent, quelques jours auparavant, suivant l'usage, l'inspection des rues et places, afin de s'assurer de l'état de la route que le cortége devait suivre. L'on ne saurait encore comprendre comment, même avec toute leur sollicitude, ils parvenaient au milieu des maisons, si mal alignées à cette époque, des rues étroites et mal pavées, encombrées en outre d'estrades, de théâtres, d'arcs-de-triomphe, à tracer la voie de cette immense procession. Où le peuple accouru de toutes parts pouvait-il trouver place ? et dans un temps où la police existait à peine, comment ces constructions improvisées, ces obstacles de tous genres, entravant la voie publique, et surtout ces feux de joie, véritables incendies, allumés à tous les coins de rue, ne faisaient-ils pas naître des accidents trop fréquents de nos jours ?

En général, les chroniques qui recueillent les moindres détails de ces fêtes font remarquer que tout s'est passé avec un ordre admirable et qu'aucun malheur n'est venu troubler la joie populaire. Il est vrai qu'ils ont toujours soin d'attribuer ce résultat presque miraculeux à l'intervention de la Vierge ou du patron dont on célébrait la fête, à qui il faut supposer au moins autant de pouvoir pour les protéger qu'à nos gardes municipaux et nos pompes à incendie.

Jamais Lille n'avait déployé plus de magnificence. Chacun voulut concourir à décorer le passage du Saint-Sacrement, et nous avons vu, il y a peu de mois, ce que, dans un tel but, le zèle spontané des habitants peut produire dans nos murs. Le magistrat n'était intervenu que pour offrir aux plus habiles ou aux plus généreux des récompenses dont l'honneur faisait tout le prix. Les quartiers riches et pauvres, les mansardes comme les hôtels s'étaient associés aux maisons religieuses et aux établissements publics qui donnaient toujours l'exemple. Les diverses confréries joyeuses qui, obéissant à *l'empereur de la jeunesse* et sous la conduite de leurs princes ducs ou rois apparaissaient dès qu'il s'agissait de réjouissances, s'étaient partagé la ville entière et avaient décoré à l'envi chaque rue, chaque place, et presque chaque maison. Leurs chefs respectifs, sous des noms bizarres empruntés à des traditions historiques ou des circonstances locales, représentaient au naturel les *histoires* ou tableaux variés, qui tour à tour instruisaient, édifiaient, et surtout charmaient le

bon populaire. C'est ainsi que le seigneur de *la Fertilité*
et le prince *des Larges-Robes*, brillaient dans la rue Saint-
Sauveur ; le comte *Lydéric*, rue du Molinel ; le pape *des
Guinguants* trônait sur la place, l'abbé *à-qui-tout-y-faut*
à la croix Sainte-Catherine, et le roi de *la Pauvreté* sié-
geait, comme il le ferait aujourd'hui, rue des Etaques.
Pourquoi faut-il que de tous les trônes qui existaient alors,
celui-là seul reste encore debout ?

La procession sortit de Saint-Pierre à sept heures du
matin. Le prévôt, le chapitre et tout le clergé séculier et
régulier des paroisses de la ville, très nombreux à cette
époque, accompagnaient le Saint-Sacrement et les reliques
insignes de la collégiale. Plus de 1,700 torches ou flam-
beaux figuraient dans le cortége où se faisaient remarquer
MM. du magistrat et les officiers de la gouvernance et de
la ville. Toutes les rues étaient tendues de draperies blan-
ches ou d'étoffes brillantes. En sortant de Saint-Pierre, devant l'hôpital Comtesse, le cortége rencontra une première
histoire représentant le temple de la paix et de la guerre ;
c'était comme le portique de la cérémonie ; plus loin, une
porte triomphale était surmontée de six tableaux exposant
la prise de Rome par l'empereur Charles-Quint. La place
Saint-Martin offrait à tous les regards les détails de la vie
de son saint patron ; mais la décoration du puits qui s'y
trouve, excitait au plus haut point l'admiration générale.
On avait préparé pour le soir un grand feu composé de
cinq bûchers réunis, sur lesquels était placé un grand
nombre de chandelles ardentes qui, par un artifice extraor-
dinaire, tournaient sans cesse autour du puits au passage
de la procession, chose, disent les manuscrits du temps,
merveilleuse à voir. Sur la place des Patiniers, c'était

l'histoire de Marie-Magdeleine, et le feu préparé avait la forme d'un arbre immense qui, le soir, couvrait la place d'une voûte de rameaux et de flammes. Devant le couvent des Cordeliers, les douze sybilles, avec leurs costumes et leurs attributs, célébraient par des inscriptions prophétiques l'heureux évènement qu'elles avaient lu dans l'avenir, et exaltaient les douceurs de l'ère pacifique qui s'ouvrait sur la terre. Les orgues et autres instruments de musique animaient de leurs accords les scènes vivantes qui, à chaque pas, attiraient les éloges, quelquefois même les critiques des nombreux spectateurs généralement peu difficiles.

Chaque puits avait sa Samaritaine, et l'on devine que les images des rois d'Espagne et de France, les héros de la fête, après Dieu, n'étaient pas oubliés. Presque partout, le Pape, dont les bons offices n'avaient pas été étrangers à l'objet même de la cérémonie, figurait au milieu des souverains et indiquait ainsi sa puissante médiation. Le couvent de l'Abbiette avait exposé les sept vertus en lutte contre les sept péchés mortels, et le triomphe du bien devait être célébré le soir par un feu de joie d'une hauteur prodigieuse, contenant plus d'un *cent* de bois. Que dirions-nous aujourd'hui en présence de tels préparatifs dans l'une de nos rues ?

Au-dessus d'un tableau des deux rois réconciliés, on avait écrit au coin de la rue du Croquet ces vers très édifiants :

> Par l'oraison, aussi bonne prière
> Plaisant à Dieu, la paix nous est donnée.

C'est dans cette même rue que se voyait l'histoire du roi

David dont la colère contre Nabal qui avait refusé d'apaiser sa faim, était calmée par la prudence d'Abigaïl. *Le prince de Crothoy* qui faisait cette histoire, y avait inscrit ces vers :

> Par l'offense de gourmandise
> Nabal fait par ire émouvoir
> David, qui par humble devise
> Des vivres lui requiert d'avoir ;
> Mais par prudence et bon sçavoir
> Abagaïl, dame pudique
> Fait en brief, changer le vouloir
> Du roi, l'apaisant en publique.

Je suis sûr, messieurs, qu'aujourd'hui vous n'auriez pas supposé la rue du Croquet aussi poétique.

Le *Prince de la rue de Poix* n'avait pas été moins ingénieux : il représentait d'abord la guerre où le soldat rançonnait, maltraitait et tuait le paysan ; puis, dit un manuscrit, s'y était encore représenté : paix, humilité et concorde que le paysan allait requérant pour adoucir la fureur et pillerie du soldat.

La rue Saint-Sauveur ne formait plus qu'un vaste théâtre exposant à la fois quatre grandes histoires : Notre Seigneur au Jardin des Olives, le Sacrifice d'Abraham, et, au coin de la rue des Etaques, le Jugement de Salomon, exécuté par le *roi de la Pauvreté.* La quatrième, près de de la rue du Curé, était allégorique ; elle montrait trois ferronniers forgeant des coutres de charrue avec les armes de guerre devenues inutiles. Avant d'entrer dans l'église, la procession rencontra une immense grenade qui s'ouvrit d'elle-même et laissa échapper un petit ange jetant fort gracieusement de l'encens et des fleurs au Saint-Sacrement.

Le service divin fut célébré à Saint-Sauveur, et l'on entendit une éloquente prédication du prieur des Jacobins ; puis la procession retourna à Saint-Pierre par de nouvelles rues non moins bien décorées. Laissant toutes les représentations empruntées pour la plupart à l'Ancien et au Nouveau-Testament, nous ne citerons que l'autel élevé près de la maison des Jésuites, rue du Noir-Moreau, où étaient exposés les douze apôtres en argent de St-Etienne; l'estrade placé devant la chapelle des Ardents, présentant le Pape, les cardinaux, les évêques et le général de Saint-François habillé en Cordelier ; tandis que vis-à-vis la fontaine au Change, aujourd'hui la Bourse, on admirait l'empereur avec ses princes, barons et seigneurs magnifiquement vêtus. Le Beau-Regard était tendu de drap vert, et formait une espèce de tente dont la voûte, soutenant des lustres et des candélabres, offrait l'aspect d'une chapelle très bien ornée. La rue de la Grande-Chaussée était toute tendue de draperies parées de feuilles de laurier, *richement élabourées*, dit le manuscrit.

La procession achevée, Messieurs du magistrat, accompagnés des officiers de la gouvernance, chambres des comptes, bailliage et autres autorités de la ville, se rendirent en grande pompe devant l'hôtel-de-ville, alors sur la petite place, et montés sur un théâtre tendu de drap rouge et semé de fleurs de lys d'argent, ils firent sonner trois fois la trompette et publier le traité de paix aux acclamations unanimes du peuple, qui cria : *Vive le roi d'Espagne !* A cet instant, on jeta de tous côtés par le beffroi plus de mille pains et pâtisseries; et après cette distribution, qui appelait les pauvres à prendre leur part dans la fête, on précipita du haut du beffroi l'effigie d'un homme représentant la Guerre; la foule le mit en pièces, criant que c'était la mort de la Guerre, mort renouvelée à chaque traité de paix, mais dont la victime, à peine enterrée, ressuscite toujours.

Un banquet de 200 couverts réunit à l'hôtel-de-ville les magistrats et les principaux de la cité, et l'on remarqua qu'ils avaient dû avoir *une grande réjouissance* étant restés plus d'une heure à table, ce qui prouve qu'au moins, quant à la longueur des repas, nous n'avons rien à envier à nos pères. De très belles pièces de musique, exécutées par plusieurs sortes d'instruments, charmèrent les convives.

Pendant toute la journée, le canon ne cessa de résonner sur les remparts, et des charriots sur lesquels des comédiens ambulants jouaient des actes merveilleux sillonnèrent la ville pendant deux jours.

Le soir, les feux préparés furent allumés de toutes parts, et le lendemain, au milieu des fêtes données par toutes les confréries joyeuses dont nous avons parlé, on distribua des prix à la rue la mieux décorée, au plus beau des chariots, à l'histoire la mieux représentée, et enfin au feu le plus brillant. Les maîtres prix étaient de douze florins.

La rue de la *Grande-Chaussée* l'emporta sur toutes ses rivales. *Le Roi des Tétus* obtint le premier prix des chariots. Les sociétés de l'*Empereur de la Jeunesse* et du *Prince des Amoureux* avaient représenté les plus belles histoires, et le plus beau feu avait été préparé à la Housse par le roi des *Cœurs Aventuriers*.

Avant de terminer cette notice, arrêtons-nous un

instant, Messieurs, devant la magnifique collégiale qui a figuré dans tous nos récits, et qui, ayant été, comme je le disais tout à l'heure, le berceau de notre cité, n'a pu, si je puis m'exprimer ainsi, trouver un sépulchre au sein même des murs qu'elle avait fondés ; car en cherchant aujourd'hui le lieu où fut Saint-Pierre, on ne trouverait pas des débris, des ruines, reliques vénérables des monuments détruits ; tout a disparu ; il ne reste que les souvenirs ; la hache révolutionnaire elle-même, si habile et si exercée, ne pouvait les abattre dans les cœurs lillois C'est que la vieille collégiale c'était l'histoire de Lille ; jamais ville n'avait possédé un édifice qui fut plus intimement associé à ses destinées.

En remontant le cours des âges souvent pénib'es, toujours glorieux pour nos ancêtres, on rencontre à chaque pas ce noble témoin de leurs vicissitudes. Au XIe siècle, il s'élève et grandit sous Baudouin-le-Pieux en même temps que la cité ; au XIIe, il bénit un autre Baudouin et ses Croisés partant pour Constantinople. Incendiés tous les deux par Philippe-Auguste après la bataille de Bouvines, en 1213, la ville et le temple se relèvent ensemble sous les comtesses de Flandre. C'est aux pieds des autels de Saint-Pierre, que *Jeanne* puise ses inspirations charitables; c'est aux murs de la collégiale que la bonne *Comtesse* veut annexer la demeure des pauvres et des malades qui se trouvent si bien près de la maison de Dieu. Le tombeau de Louis-le-Mâle(1) y avait terminé une glorieuse dynastie, et

---

(1) Louis-le-Mâle, dernier comte de Flandre, mourut en 1384, ne laissant qu'une fille mariée à Philippe-le-Hardi.

les blasons des chevaliers de la Toison-d'Or (1) qui brillaient sous sa voûte y rappelaient la piété et la magnificence des ducs de Bourgogne.

Nous avons vu Albert et Isabelle inclinant leur majesté
devant le Dieu qu'on y adorait ; Louis XIV lui-même, dans
l'enivrement du triomphe, vint y prêter le serment imposé
aux souverains du pays, de respecter les droits de la ville,
serment qu'il n'a jamais violé. Pendant le terrible siége de
1708, les prières et les vœux qui s'élevaient aux pieds de
l'image de Notre-Dame-de-la-Treille, conservée dans son
enceinte, secondaient le courage de nos soldats, sauvaient
la ville du pillage (2), et méritaient à l'héroïque Boufflers
cette glorieuse capitulation de la citadelle où, décidé à s'en-
sevelir, s'il le fallait, sous les ruines qu'il ne pouvait plus
défendre, il exigeait que la chapelle catholique échappât
seule à la domination de l'hérésie triomphante. Forcé de
céder aux vainqueurs ce que son roi lui avait confié, il
n'avait pu consentir à leur rendre ce qui appartenait à son
Dieu.

Et à côté de ces traditions de gloire, toujours respecta-
bles à des Français, que de souvenirs touchants et populaires devaient protéger l'antique édifice contre des hommes qui se disaient les défenseurs des opprimés, les répa-

---

(1) Philippe-le-Bon tint le 1er Chapitre de l'ordre de la Toison-d'Or
le 27 novembre 1431 dans la Collégiale de Saint-Pierre, et les armes des
chevaliers qui assistaient à cette cérémonie étaient peintes sous la voûte de
l'église.

(2) Dès les premiers jours du siége, le magistrat fit le vœu *Si la ville était
préservée du pillage*, de faire une procession spéciale en l'honneur e
N.-D. de la Treille. Elle eut lieu en 1713 après la paix d'Utrecht,
remit les Français en possession de la ville.

rateurs de la souffrance et de la misère. Je ne parle pas de saint Louis et de saint Bernard, agenouillés sur ses dalles, ni du grand archevêque de Cantorbéry y cherchant un asile contre la persécution qui plus tard lui donna la mort; ces nobles figures ne pouvaient trouver grâce en 93; mais comment oublier tant de vœux accueillis, tant de douleurs consolées, tant de larmes taries devant la pieuse image que le peuple a toujours aimée ?

Les paroles éloquentes prononcées du haut de la chaire par Fénélon, au sacre du prince de Bavière, archevêque de Cologne, auraient dû seules protéger les murs qui les avaient entendues. Je voudrais pouvoir vous redire les touchantes leçons données à un grand de la terre devenu le serviteur de l'Eglise, par le saint prélat qui, devant ce que le monde offrait de plus élevé et de plus ambitieux, prêchait l'humilité, la patience, la charité, comme les seuls attributs de la dignité véritable. De tels enseignements, adressés aux ministres du Seigneur par un pontife qui, lui au moins prêchait l'exemple, valaient bien les leçons sanglantes que voulurent leur infliger plus tard l'impiété et le crime.

Le chapitre de Saint-Pierre lui-même, en fondant des hôpitaux, des colléges, des institutions utiles à tous et surtout aux pauvres, n'avait-il pas justifié son existence et exercé la fraternité, cette prétendue découverte de nos jours, qui n'a été inventée et pratiquée que par l'Evangile ?

Mais pourquoi chercher une barrière contre un torrent qui renverse tout ce qui, parmi les hommes et les choses, avait mérité jusque-là l'amour, l'admiration, le respect? Les titres à la reconnaissance publique sont devenus des arrêts de mort; le temple dédié à la Sainte Vierge et au

premier des apôtres qui avait défendu Lille contre le schisme
et l'hérésie pendant tant de siècles, reçut dans son sein un
évêque constitutionnel. En 1791, le culte de Notre-Dame
de la Treille fut aboli malgré une protestation courageuse(1),
et la cité catholique par excellence vit circuler dans ses
rues une procession qui n'était que la parodie de ses an-
ciennes et augustes cérémonies. Deux ans après, St-Pierre
servit de magasin et abrita des troupeaux.

Les murs existaient encore, et un souffle de la Providence aurait pu ranimer ce corps privé de vie, comme il
ranima plus tard les autres paroisses de la ville, alors dé-
sertes ou profanées ; il fallait détruire jusqu'à sa tombe.
La cupidité vint en aide à l'irreligion, et le 23 mars 1793,
l'insigne collégiale, criée aux enchères, fut vendue et mise
en pièces. Le creuset, le marteau, la hache se disputèrent
ses débris ; on déforma les pierres elles-mêmes, tant on
avait hâte de faire disparaître jusqu'au dernier vestige de
ce monument de la gloire et de la foi de nos pères. Aujourd'hui, on ne peut reconnaître la place où tant de géné-
rations ont prié et ont été successivement ensevelies, et
sur ce sol arrosé des larmes de la piété et du repentir, sur
cette terre qui n'est que la poussière de nos aïeux, on a
élevé une salle de danse et une prison ; comme si nous
avions été forcés de reconnaître qu'en enlevant aux
hommes la religion qui parle au cœur et réprime ses pas-
sions ardentes, il fallait offrir en échange aux uns les joies
du monde pour les enivrer et les étourdir, aux autres l'ap-

---

(1) Protestation de M Lefebvre-Delattre, de la Fresnoy, administrateurs de lachapelle de Notre-Dame de la Treille.

pareil du châtiment, bien insuffisant encore pour arrêter celui que Dieu ne retient plus.

Vous me pardonnerez, messieurs, cette digression, qui n'est cependant pas complétement étrangère à mon sujet. Je n'ai pu parcourir avec vous les fastes de Lille sans être frappé de tristesse en retrouvant si souvent ce vieux représentant de nos splendeurs passées, que la faux révolutionnaire, bien plus impitoyable que celle du temps, a brisé sans retour.

Mais que dis-je, messieurs, tout espoir serait-il donc à jamais perdu ? et notre siècle instruit, par une cruelle expérience n'a-t-il pas appris à restaurer, à ressusciter bien des choses qui paraissaient ensevelies pour toujours ? Pourquoi de ces débris, ou plutôt de ces grands souvenirs, ne s'élèverait-il pas le cri du poëte latin, cri d'espérance qui console les vaincus et les opprimés de la terre : *Exoriare aliquis nostris ex ossibus ultor*. Que de nos ossements arides, de notre poussière dispersée, il s'élève un vengeur.

Ce vengeur, messieurs, c'est vous, c'est nous tous, c'est la ville entière. Pourquoi, administrateurs, prêtres, simples citoyens, ne travaillerions-nous pas ensemble à relever, à reconstruire un autre St-Pierre, qui, satisfaisant aux besoins religieux de toute une partie de la cité (1) ranimerait les souvenirs et les splendeurs de la vieille collégiale et relierait le présent au passé de Lille par une noble émulation de générosité et de ferveur ?

C'est alors que tressailleraient dans leurs tombeaux les

---

(1) *Des intérêts Communaux de la ville de Lille*, p. 24.

les pieux pontifes, les nobles guerriers, les magistrats intè-
gres, tout le peuple de Lille qui, à travers les siècles, a vécu
à l'abri de ces voûtes et trouvé dans cette enceinte consa-
crée, des joies pour ses triomphes et des consolations pour
ses misères, hélas! toujours plus nombreuses !

Je m'arrête, messieurs, je ne veux pas m'appesantir sur
un sujet déjà traité par une plume aussi pieuse qu'éloquente (1) ; mais il m'a semblé qu'après avoir parlé si souvent de Saint-Pierre, je devais aussi de ma faible voix
émettre un vœu qui trouvera de l'écho dans vos cœurs ; je
n'aurais été digne ni des scènes que j'ai racontées, ni de
l'auditoire qui veut bien me prêter son indulgente atten-
tion, si j'avais laissé passer de si grandes infortunes sans
leur donner un regret et uné espérance.

____

(1) Essai historique sur la Collégiale de St-Pierre. A Lille, Lefort, 1850.